Pages enflammées pour une Plume agitée

Aurélie Mathilde Paulus

Née en 1996, Aurélie Mathilde Paulus est une jeune auteure. En 2013, un de ses poèmes : « Jean Jaurès » a été sélectionné et publié dans le tome IV du florilège international des écrivains en herbe de langue française. Cette distinction lui donne alors l'impulsion nécessaire pour publier, un an plus tard, aux éditions Mélibée : « Les Poésies d'hier et d'aujourd'hui ». Aujourd'hui, elle décide d'auto-publier une version retravaillée de son recueil de poésies : « Pages enflammées pour une Plume agitée ». Un premier roman est en cours d'écriture.

Préface poétique

Fenêtre ouverte, je reste immobile à contempler la beauté ancestrale de ces quelques étoiles qui tapissent le ciel. Si j'étais magicienne, je les cueillerais telles des cerises. Certainement parce qu'elles ont un goût divin. Un goût qui ondulerait mes cordes sensibles. Un goût qui me ferait chavirer sur-le-champ. Un goût de rêve.

L'astre de nuit, pâle et rieur, est si bonne compagnie. Il brille d'un feu ardent au milieu de dames Lumières et attire de son magnétisme berceur tous mes rêves enchanteurs.

L'aquilon est fugitif et exhale un souffle pusillanime sur la commune héraultaise. On dirait un murmure qui berce l'oreille, mais est-ce pour dévoiler un infime secret ? Je vogue, humeur enjouée.

Le calme nage dans mes veines. Le calme nage dans mon cœur. Je deviens le calme.

Minuit splendide et magique en ce quinze août.

Beauté maniérée que mon âme fleure. C'est une douce allégresse, une ode aux belles choses. Le Bonheur à cet instant présent n'a pas meilleur repère.

   J'aperçois des lumières joviales, colorées, dansant au loin, dans le centre-ville, là ou l'on peut entendre des centaines d'âmes,
qui s'enivrent de chants. La Féria, sous cette toile cosmique, a une senteur vraiment abracadabrante.

   En fermant mes volets, je me soustrais aux bruits et me mure dans un monde insonore. De quelques pas, je recule. Derrière-moi, mon lit. Je me laisse tomber sur ce dernier, le regard accroché au plafond où une sculpture de verre projette ses formes titanesques sur les murs.
   Je ferme les yeux. L'air titille mes narines, entre et sort de mes poumons. C'est le souffle d'une vie.
   Mes mains caressent un pan de ma couverture. La laine est douce et légèrement fraîche. Son odeur parfumée fait naître sur mes lèvres un grand sourire.

   J'aimerais avoir le don de freiner le temps
   Faire un arrêt et ouïr ce silence somnolent
   Écouter l'inécoutable et les murmures de l'âme

Dans ce monde où l'horloge n'est que flamme.

Le silence a bientôt ses bruits et je m'enracine un peu plus dans la douceur du présent.

      C'est un instant de sérénité
      Que j'aime voir éterniser.
      Un instant d'accalmie qui permettrait
      À ma voix intérieure de s'exprimer
      Librement sur du papier...

J'ouvre les yeux et me relève. Sur ma table de chevet m'attendent un petit carnet noir et un stylo plume. J'ai une envie profonde de cueillir l'instant présent, de peindre la nuit avec mes mots. Un attachement inconditionnel pour les paroles du cœur. Un exercice d'apaisement que je salue depuis ma blonde enfance.

La poésie est ma source intarissable, le noyau de mon existence, mon astre, la fenêtre de mon âme, mon souffle, ma voix, ma puissance. Elle est un tout qui me représente, me définit. Que j'aime « être » et ne pas paraître. Que j'aime écrire dans la joie, dans la sincérité ou hurler en silence, le trait en proie à la douleur, aux larmes inconsolées.

10

La poésie est un univers à part, une tornade où les émotions fusent, une vertu qui frappe chaque sens, un art qui illumine le langage avec son flot d'images et de sonorités. Un art qui s'engage et ne se tait pour tout l'or du monde. La poésie a sa vénusté.

Grand-mère

Sous ce gris paysage qui m'enivre
Je ne puis demeurer sans que je m'enfièvre
J'avais l'heur de t'avoir auprès de moi
Ta disparition fait naître l'émoi.

Sans toi, l'humanité devient monotone
C'est un vide profond et atone
Qui me submerge à chaque automne
Quand le jour de ta mort sonne.

Devant les photos, le cœur tout éploré
Fragile souvenirs qui m'enchaînent
Que tu étais belle, perle alsacienne
Jamais je ne cesserai de t'admirer.

Devant sa plaie

Je souffre
Je m'engouffre
Je pleure
Je me meurs.
Stupeur teintée
D'anxiété
De plein fouet
Je suis bafouée.
Toute mon énergie
Anéantie
Toute cette apathie
Face à la vie.
C'est le crash
Tout s'arrache
Je suis ankylosée
Devant sa plaie.

13

Perles versées par les yeux, cascade de sentiments, mots aussitôt envolés.

La poésie

Quarante-cinq mots rassemblés
Sur un poème coiffé
Où le soleil couleur des blés
Berce de ses rayons plume de fée.

Intarissable source des plaines
La poésie s'écoule dans mes veines
Son odeur a trait au séraphin, elle la traîne
Jusque dans mon cœur rouge laine.

Fleur

La tristesse t'inonde
Elle est si profonde
Petit soleil monotone
Rayonne ma mignonne !

Ton gracieux visage
Miroite dans mon cœur
Tendresse, tu es si sage
Que tu vitalises mon bonheur.

Les rimes pleurent comme les fleurs
Qui poussent le long des tombes
Elles sont roses ou noires de peur
Du rire moqueur des éclats de bombes.

Vers verts

Une fragrance de fleurs
Encense en douceur
Nature offrant sa danse
Tournoyante, pure et panse.

Lyrisme dodeliné
Entre les racines mères
Cœur d'un monde oxygéné
Pour mes vers verts.

Pluies de confiseries

Que voltigent des cœurs de miel
Et tous les sucres arc-en-ciel
Pour que ce poème fleuri
Devienne une pluie de confiseries.

Insomnie

L'Encre sombre
Tiraille mes encombres
Sentiments inaperçus
Heures non déçues.

Je veille, je veille
Dans le noir, je surveille
Je guette mon sommeil
Tous mes sens en éveil.

Pendant que la terre tourne
Et que la lune séjourne
Valse éternelle
Pour une même ritournelle.

Distance

Prunelles absorbées
Zénith agité
Pensées envolées
Kilomètres séparés
Souffles égarés
Murmures éloignés.
J'entends dans le lointain
Ce murmure amical
Qui jusque à moi vient
Et se veut musical.
Un songe, chère acolyte
Murmure à la sagesse divine
Doux concert, point de mythe
C'est cette amitié que je dessine.
Je considère ce dessin,
Comme une amitié accrochée au cœur
Et te fait signe de la main
En reconnaissant sa valeur.
Sur la distance
Moi je danse
Encore je pense

20

Les mots compensent
Et la confiance
Soude l'alliance.

N'oubliez jamais de Vivre.
N'oubliez jamais de rester vous-mêmes.

La voix du cœur

Oublie ceux qui veulent te détruire
Ceux qui veulent te rendre esclave de tes pleurs
Sois plus fort et plus courageux
Sois plus ferme et plus humble avec toi-même
Regarde le tigre qui ne se retourne pas et avance
Écoute la voix de ton cœur et panse tes maux
La vie est plus lumineuse sans la présence de ceux qui veulent te faire du mal.
Parce qu'ils veulent te voir échouer et seront toujours aveugle face à tes qualités
L'hypocrisie coule dans leur sang
Ils ne méritent pas ta gentillesse, ta compassion et encore moins ta haine
L'ignorance sera leur unique gain.

Quelle connerie la guerre !

On s'érige en dieu, en foudre de guerre
On se sent soulagé à tuer nos frères
Délayer de toutes les souffrances
En ravageant un pays qui sent le rance !

Quelle honte la guerre et elle se croit fière
En buvant du sang et en bouffant de la chair
Toujours à épouvanter notre joli décor
Mais non, il n'y a jamais eu assez de morts !

Les macchabées, c'est ce dont elle préfère
Aux oubliettes la paix ! Bienvenue misère !
On tue pour une cause tout en tuant une autre
Et une fois terminée, on se conduit en bon apôtre ?

Quelle connerie la guerre, il n'y a pas à dire
Le champ désossé n'abrite que de faux rires
Le paysage dépouillé devient une honte
Mettez-la à la fonte, la MASTODONTE !

Hommes de Guerres

Hommes de Guerres
Vies éphémères
De l'aube au soir
Viens, soleil noir.

Hommes de Guerres
Guerre aux vers !
La haine flétrie
Sur les ennemis.

Hommes de Guerres
Votre sang, l'affaire
Morts, goût de fer
Aigles de l'Enfer.

Hommes de Guerres
La paix se repère
Blanche Colombe
Et la voix tombe.

Les Oiseaux

Ils s'en donnent à cœur joie
Dans le ciel poivre et sel du biterrois
Sons veloutés, esprit des bois
Berçant le cœur des villageois.

Petits dieux sont ces oiseaux mélodieux
Leurs ailes épousent chaque lieu
Leurs ailes font corps avec les cieux
Pétales de soleil dans leurs yeux.

Le jeune oiseau s'est envolé…

Le jeune oiseau s'est envolé
D'un vol mirifique et inégalé
Fort resplendissant, il était
Avec son plumage duveté.

Le jeune oiseau s'est envolé
Dans le ciel constellé
Le jeune oiseau s'est effacé
Derrière deux arbres enlacés.

Le jeune oiseau s'est envolé
J'envie sa légèreté
Le jeune oiseau s'est envolé
J'envie sa liberté.

Sourire ployé d'une Plume

Greffées
sur cette page foliotée

Marais
de mots papillotés

Découlant
de ma plume extasiée.

Rose

Chaque matin
Dans mon jardin
Il y a cette rose
Que j'arrose.
Aucune plume
Pour dessiner
Sa sérénité
Qui la résume.
Elle est poésie
Et beauté
Emplie
De magie.
Jaune or
Qui vibre mon cœur
Qui rythme avec mon cœur
Immense trésor.
Petite rose
Bel angelet
Toi qui en retour arroses
Notre belle amitié.

Éphémère

Chambre illuminée
Fragrance colorée
Volets entrebâillés
Je me laisse rythmer
Par le temps qui me sied.
La lune déjà couchée
Tel un bel ange
Sur un grand lit étoilé
Toute bercée de louanges.
De sa pupille éternelle
Elle m'observe, très sage
Et une ribambelle de nuages
Efface la sentinelle.
Alors mes yeux se ferment
Songe à court terme.

Secrets absorbés

Éblouie,
J'ai les yeux
Qui brillent
À vol d'oiseau
Je vole, je vole
Je bois du regard
Les vagues émincées
De l'atlantique
D'ici-bas.

Instant figé
Minutes éraflées
Je suis en vue
D'un destin concerté.

Et je glisse, je glisse
Lentement
Pudiquement
Au cœur d'une île
Où le bonheur répand
Un parfum suave

Qui fleurit et s'embaume.

Passion d'une terre
Qui émerge dans un océan
Codé, inaccoutumé
Secrets absorbés.

Le trépas

Le trépas est patient
Sans discours
Ni fracas,
Il nous guette
Calmement
Les bras croisés
Ici-bas.

Il est ce brouillard
Effleurant
Les corps émaciés
Comme si on était
En sa possession déjà
Escortant notre souffle heurté
D'une sombre messe
De l'au-delà.

Dois-je le médire
De vous emporter
Loin de moi ?
Ou simplement

Le remercier
De ces chaînes brisées ?
Peut-on consentir
Un vide
Sous un toit ?
Ou se nourrir
De mémoires
Pour ne pas
Pleurer
Ou oublier ?

En ce jour
C'est à genoux
Que j'implore le ciel
Afin que le grand voyage
Soit doux avec vous
Et qu'il vous élève
Dans votre sommeil
Éternel.

Paradis de l'Enfer

Tu t'évanouis et mes yeux s'émerveillent
Tu te mutiles et le printemps s'éveille
Tu t'endors et point de larmes coulent
Toi meurtri et mes strophes roucoulent.

Âme hivernale, tu es
L'esprit aimé ou la foi tuée
Âme vagabonde, ta vie est lente
Tes allures plantées sont fort violentes.

Tu fais venir le Paradis blanc
Et tu chasses les pauvres sur Terre
Tu les emmènes droit en Enfer
C'est pourquoi je te hais. Va-t-en !

Adieu bel Été

Ne brame point, tu sais
Nous t'avons sans cesse vénéré
Et puis quel que soit le temps
Tu resteras notre Été d'avant.
Et je demeurerais pensive
Avec une personnalité décisive
Et non au tempérament narquois
Car je resterai toujours là pour toi.
Je et nous t'attendrons
Tu sais, ne nous attriste pas
Et puis… que faire ? Va !
Nous resterons et veillerons.
Tu as demeuré dans notre Sud
Toi parti, le printemps est rude,
Les arbres nus, les fleurs déracinées
Toutes mes pensées vont vers toi, bel Été.
Montre-toi ! Encore une fois… que faire ?
Les journées sont trop éphémères
Et je m'en vais te chercher
Car les larmes de la nuit ne cessent de couler.

Piano d'amour

L'aquilon a déposé un cœur d'or
Sur la clé de sol enchanteresse
Tout est voix pour mon âme sonore
Inusuelle caresse.

Voici que d'amicales lueurs
Se sont arrimées sur les blanches notes
Alors s'éclipsent les fautes
L'ardeur d'une douceur.

Des cœurs par centaine ont afflué
Quand la musique a décollé
Les notes sur la portée se sont emballées
Tachycardie éventée.

Sur une mélodie jouée

Tout près de ma maisonnette
Je cueille sur mon clavier
Une dizaine de roses enviées
Et quelques ravissantes fleurettes.

Navigue un nuage de lait
Dans un ciel drapé d'un bleu douillet
Ombrageant la nature mouillée
Et le chant inégalé des oiselets.

De mes doigts enjoués, j'ai glissé
Loin des craintes, loin de la peur
Aspirée par une mélodie lissée
Havre de paix berçant mon petit cœur.

Dessins d'Espoir

Le coup de crayon à la poche
Je badigeonne l'Univers et ses roches
Je portraiture le visage du Bonheur
Treillages de veines pourpres pour un cœur.

Une hardiesse indélébile se balance
Bercée par les mignardises du vent
Que d'amour ! Que d'élégance !
Pour un plaisir autant inouï que galant.

Et au-dessus de tout, dans le ciel noir,
Des étoiles appariées frémissent
De mes crayonnages d'Espoir
Qui règnent, lézardent et glissent.

Artiste

Il est dessinateur
Avec ses crayons de couleur
Il accompagne un ange et sa fleur
Sous les rayons d'un soleil rieur.

Il est aussi magicien
Ah ! voilà qu'il veut s'élancer
Dans le ciel bleu de son tableau peint
Où des oiseaux voleront à ses côtés.

Il est dessinateur
Entre ses mains respire le bonheur
Et déjà magicien
Entre ses mains bat son cœur.

Un jour d'orage

Tout espoir anéanti
Des cœurs affolés crient
Car l'orage tempête mardi
Et alimente l'éternelle pluie.

Bourrasque

Elle se gonfle de vagues
Son sang se déchire en zigzague
Toute vie étouffée de son âme ivre
Sang mêlé à cette tempête qui l'enivre.

Cœur tout bleu

Mer barbouillée
De rides concentriques
Fragrance sucrée
Panorama séraphique.

Regard aveuglé
Corps et âme avivés
Grand plongeon dans le creux
De ton cœur tout bleu.

Vagues enchantées

Éternelle beauté
Mer magique
Mer de paix
Tellement atypique.

Parce que dans son cœur
Règnent de grands secrets
Tous aussi enjôleurs
Parmi ses vagues enchantées.

Le jardin enchanté

Une giboulée arquée d'un sourire
Me guette très tôt ce matin
Sur le chemin de mon jardin
Je m'en vais l'accueillir
Je m'en vais la cueillir
Je me promets de la chérir
Pour me voir toute trempée
De ma poésie bariolée.

Jardin atypique

Il m'instille aux prémices
Enjouée quand l'Or le lisse
D'un divin éclat sans pli qui rit
Désaxant *in extenso* mon esprit.

Les Envoyés du Ciel

Trois maisons voient perdre leurs anodines âmes
L'abîme les a repeint de milles folies
Des gens anesthésiés accourent hors des flammes
On porte ouïe aux sons avides et infinis.

Le temps s'écoule et le zénith s'appauvrit
Le temps fait foule et la fumée s'enrichit
Elle gifle l'aurore et affronte les plantes
Égorgeant la nature toute innocente.

On s'étrangle par-ci, on supplie par-là
La misère colle à la peau de chacun
On veut échapper à cet été importun
Hélas ! on souffre de ce maléfique glas.

On s'éloigne, on barguigne, et on rapplique
On présume qu'il est trop tard
« Les miraculés se sont éteints », on explique
Et on se traite de froussard ou de fuyard.

Tandis que le plus brave se rue vers les flammes
On le pense fou, possédé par Satan
Il hurle des mots insensés et on acclame
Tous ont entendu. Il reste des survivants !

On s'élance d'humeur folâtre vers les flammes
La brûlure déverse des milliers de larmes
Le paysage entier s'enflamme
Et le rideau se ferme sur cet effrayant drame.

Les joies du cœur

Des fossettes pour essuyer les larmes aux yeux
Du sang-froid dans les moments pernicieux
De la confiance pour anéantir le scepticisme
De l'appétence pour croquer le lyrisme
Du soutien comme un baume au cœur
De l'amour pour enflammer la rancœur
Des couleurs pour colorer les idées noires
De la détermination, du positif et y croire !

Diamants blancs

Gants, blouson, écharpe,
je me faufile
dans la fraîcheur
de l'extérieur.
Le soleil darde
ses faibles rayons
dans un ciel
couleur charbon.
J'avance lentement,
Parmi les perles blanches
Tombant, merveilleuses.
La neige
Magie dans l'air
Voix des miracles
Voix du bonheur.
Région habillée
de son manteau de fourrure.
Blancheur pure et sereine
Magiques paysages
Saison hors pair
L'amour de la famille

Haut en couleur
Cette veille de Noël.

Créativité fondue

Ma magie se perd
Sombre lueur
C'est une histoire de naufrage
Où mes mots n'ont plus leur prochaine page.
J'ai peur !
Ma magie se déprave
Tous mes mots s'inondent
Mes lettres s'envolent
La mer me vole
Le tonnerre me survole
Et je me surcharge d'une lenteur profonde.

Toutes consonnes
Toutes voyelles
Se confondent
S'emmêlent
Mon inspiration est mise à la porte
Perdue dans ce monde !

Que faire ?
Mon inspiration est à zéro.
Que dire ?
Mes pensées se sont entrechoquées.
Quoi écrire ?
Ce soir, je suis à cours d'idées.

Tenir un stylo, mais comment ?
Le parfum de mes strophes a disparu
Geste las de mes vers à la rue
Sans rimes.

Canal du Midi

En longeant le Canal du Midi, les mots fredonnent au soleil, se meuvent en masse avec les ombres de ce cocon de verdure, tournent autour des pêcheurs et des bateaux et résonnent longtemps dans cette atmosphère sereine.

Les arbres émeraudes frémissent sous la brise de ce beau jour d'Été. Le vert ne cesse de s'écouler des feuilles de ces arbres gigantesques et tapisse l'eau du Canal où l'astre du jour, prince des cieux, jette ses copeaux de lumière avenants.

L'ardeur de l'évasion en se promenant sur les rives ombragées par les platanes, plume et carnet de notes à la main, à la rencontre de cet instant présent.

Maussade

Mais où êtes-vous passés
Rayons d'un si bel été ?
Mystérieuse belle onde ?
Canicule vagabonde ?

Ma plume bien basanée
S'est mise à frissonner.

Pleure ce ciel en silence
Grande est cette pluie d'amour
Tendre est cette plume qui se panse
Aux côtés des belles-de-jour.

Détermination

Rayonner avec les personnes qui m'entourent
Aider les âmes qui souffrent en retour
Me rendre utile à chaque instant
En soutenant les actions du présent.
Enterrer mal-être, bonheur envié
Je creuserai profond si besoin est
Barrer la route aux mauvaises pensées
À l'anxiété aussi qui créait des raz-de-marées.
Vouloir trouver un équilibre coloré
Respirer et bercer fragile cœur
Soleil doré pour chacune de mes heures
Sourire large a en créer des fossettes
envenimées.
J'en ai fini avec mon sceau de larmes
Puisque je veux dresser mes propres armes
Jamais plus mon cœur ne sera détruit
Je saurai faire face aux ouragans écervelés
Eux qui s'amusent à écarteler le cœur
d'autrui
Le regard noir, hypocrite et enflammé.

Volonté

Malgré les aléas de la vie,
Les souffrances du monde,
Les guerres, les douleurs,
La tristesse, les océans de larmes,
Je veux être heureuse
Je veux la sérénité
Je veux apprendre goulûment
Éveiller mon esprit
Je veux vivre comme jamais
Puisque telle est ma volonté !

Le misérable

Un cœur solitaire se met à converser
Il est seul dans la pénombre de la lumière
Il s'appelle Désillusion, et il est l'ère
Timide et faible. Il veut être aidé.
Le feu le surprend, et du regard on l'humilie
Voilà qu'il sanglote de toute son âme
Abattu, le vieillard ne retrouve plus sa grâce
Il garde sa peine contre lui et brame.
Le pauvre tremble. Nul n'ose s'en approcher.
Il mande. On l'ignore. Il est invisible
Obscur fantôme qui trouble la société
C'est une chose, une abstraction inaudible.
Sa personne toute entière est dévorée.
Il tend la main, on le toise tel un pestiféré
Être de chair et de sang, pourquoi le haïr?
Attendre son décès sera mieux pour le médire ?
Pour s'assurer qu'il était un être avec un cœur ?
Et qu'il n'était point en ces lieux pour bâfrer votre cœur ?

Mon éternel souvenir

Une tristesse intense m'inonde
Ton cœur partit il y a neuf ans
Une perle bascule lentement
Elle est pour toi cette larme profonde.

Tu t'es évaporée
Dieu sait pourquoi
Et je me noie
Dans mes pensées.

Comme j'aimerais converser avec ton rire
Te revoir, te parler, t'appeler *mamie*
Une dernière fois. Reviens ! Je t'en supplie
Ange blanc, mon éternel souvenir.

L'âme envolée

Survolent sur les vestiges des corbeaux
Brûle dans leurs yeux un sombre flambeau
Écho étouffé d'une fleur noire sur un tombeau.

S'agenouille en silence un cœur affligé
Sinistres augures trépassés
Déchirement qu'il faut accepter.

La fraîcheur d'un Été rieur

Pieds dans l'eau, je suis assise sur un rocher
Le regard contemplatif sur la Méditerranée
Et le flot de ses vagues qui toujours gonflent
Puisque la mer est vie, jamais elle ne ronfle.

Les mouettes sifflent, le vent roucoule
Mélodies confondues qui dans mon âme
s'écoulent
Là-haut, le soleil est prince dans le ciel
Il dorlote les choses d'ici-bas de ses éclairs
immortels.

Tachycardie anéantie pour mon cœur heureux
Rêves égrappés derrière mes yeux
Le Bonheur a apprivoisé le degré supérieur
Éternellement vivre dans la fraîcheur d'un Été
rieur.

Le jour un du printemps

Tes yeux gorgés de charme
Et tu ouvres tout grand
La fenêtre du jardin, maman
Où se déversent au loin des larmes.

Tu sirotes les paroles du vent
Hissant en toi un doux poème
Où une infinité de *je t'aime*
Berce le jour un du printemps.

Seul

Est-il né pour être méprisé ?
Chaque jour, on l'a tant dévisagé
Est-il né pour être dénigré ?
Chaque jour, tout courage lui était ôté.

Avec leur sentiment de supériorité
Les harceleurs ne l'ont jamais lâché
De cesse il le jugeait
Sans connaître sa belle personnalité.

Son destin scellé
Dans la peur, il vivait
Dans la crainte, il se cachait
Corps et âme enchaînés.

Toujours il subissait
Ses larmes n'ont jamais cessé
À petit feu, il mourait
Le moral commotionné.

Parler

Parler, c'est déjà agir. C'est se délivrer de tous ces maux tapis dans l'ombre, qui poussent souvent les êtres au bord du précipice. C'est vouloir s'affirmer et clamer tout haut sa liberté, sa fermeté. C'est ne plus se rendre esclave d'une tristesse infinie.

A toutes les victimes de harcèlement, quel qui soit, sachez que vous ne serez jamais seules !
Quoi qu'il advienne, il y aura toujours une épaule, quelque part, sur laquelle vous vous reposerez.
Sortez du silence !
Osez parler !
Ayez confiance en vous !
Car une victime seule est probablement plus vulnérable que si elle est entourée, soutenue, écoutée, aidée...

Perdue à jamais

Toutes les messes
Toutes les prières
Ne pourront pas changer
Ce triste sort.

Toutes les armoiries
Et même une guerre
Ne pourront point venger
Ta mort.

La Mort

Armée d'une faux
Elle me fige.

Effigie du fourneau
Elle m'afflige.

Des pires tourments
Elle m'érige.

De par son acharnement
Elle m'inflige.

Un paysage arrêté

Les mouettes dansaient
Les nuages disparaissaient
De petites vagues déferlaient
Sur le sable perlé.

Un regard embrasé
Pour un paysage rosé
Et l'astre du jour accrochait
Derrière ces gros rochers.

Retrouvailles parfumées

Tu t'éloignes, mais je sais que tu m'attends
J'avance telle une ombre portée par le vent
Hypnotisée par tes vagues auréolées
Tu m'en expédies une pour embrasser mes pieds.
Moi aussi, je t'attendais
Depuis la première clarté
Depuis une année
Méditerranée
Tu m'as tellement manquée !
À présent, si proche de toi
Ô grand bleu ! Seulement toi et moi
Je vais enfin pouvoir te livrer mes secrets
Te confier mes profondes pensées.
Personne pour nous importuner
Personne pour nous séparer
Seules quelques mouettes indiscrètes
Fredonnant en chœur dans le ciel en fête
Comme pour célébrer
Ces retrouvailles parfumées.

Parents, je vous aime

Vous parez l'amour sans attente
De fleurs aux tons oranger,
Vert chlorophylle, jaune hélianthe
Rouge coquelicot, rose louangée.

Confiance et loyauté
Harmonie, bonheur et sérénité
Gaieté lyrique, joie et tonicité
Puissance, énergie et vitalité

Douceur, calme et paix.

Le tout qui offre à mon cœur
Un feu combien ardent
Cela égaie mon stylo sain
Songerie à toute heure.

Votre amour oxygène mon cœur
Vous le rendez ivre de bonheur.

L'Empreinte de l'Amour

Complimenté
Un sourire chapeauté
Sur le visage d'un enfant.

Précieux
De voir sous les cieux
Des parents aimant leur enfant.

Harmonieux
Mélodieux
De dire à présent
Je vous aime, tendres parents !

Papa

Quand je suis à tes côtés, le Bonheur
Est aussi ample que l'Univers
Plus influent que mon vocabulaire
Il se loge, là, dans mon petit cœur.

Ton soutien, je le salue toujours
Du contentement à chaque point du jour
Tu teintes mon visage de sourires
Deux cœurs dans un navire en délire.

Prends donc toutes ces fleurs colorées
Car chaque pétale est un parfait reflet
De mon cœur qui en ta présence luit
Que je t'aime à l'infini.

Merveilleuse maman

Merveilleuse maman
Enchantant mes rêves
Rayonnante tout le temps
Vaillante et belle comme Ève
Efface mes plaies ardentes
Instructive et non dictatoriale
Lune mélodieuse et prudente
Lac d'amour et esprit convivial
Effleurissant l'aurore de satin
Univers ensorcelé par tes yeux
Sage maman, j'aime tes câlins
Emue par ton chant prestigieux.

Merveilleuse et divine bonté
Adorable et belle félicité
Maman, tu es mon amour
Ange de tous mes jours
Nuage ensoleillé, tu es ma Vie.

L'Amitié avec un grand A

L'Amitié, un long fleuve
Et mon cœur s'abreuve
À la lumière où brasillent
Ces âmes qui naviguent.

Mon Amitié est compté
Et mes doigts sont domptés
Par de profondes pensées
Nées dans ces vers bien-aimés.

L'amitié

A comme Amour
M comme Merci
I comme Intarissable
T comme Tendre
I comme Indéfectible
E comme Ensoleillé.

C'est un sacré chemin de vie, l'amitié !
La briser ? Un sortilège.
La dérouter ? Un sacrilège.
Puisque je dis qu'elle est sacrée !

L'amitié, c'est l'art de communiquer
Un soleil qui embellit les cœurs
Une affection qui flirte avec le Bonheur
Un véritable sens de la vie, l'amitié !

C'est un sentiment munificent
Qu'on offre aux êtres aimés
Ces cœurs ailés qui partagent votre bonté
Ces âmes que vous chérissez tendrement.

Carole

Elle est née quand j'avais quatre ans
Petite, elle avait son propre regard
Visage animé et des yeux bavards
Elle babillait de tout temps.

Carole, à huit ans, était soigneuse
Elle goûtait à la prudence
Elle aimait la danse
Combien elle était heureuse !

Nous avons grandi toutes les deux
Carole n'a jamais changé
Elle a gardé le bleu azur de ses yeux
Ainsi que cette éternelle robe d'été.

L'odeur de fraise, son parfum préféré
Ses cheveux attachés
Sont bruns et bouclés
Ses lèvres très peu maquillées.

Carole est une naine
Un peu plus grande qu'une lilliputienne
Qui garde son visage d'enfant
Chaque an.

Quatorze lunes, la Carole !
Elle a tout supporté.
Elle en a du courage, la Carole !
Elle a tout encaissé.

Je la vois me sourire
Mais très mystérieusement
Je la déplace tout doucement
Et, à sa voisine, la poupée jette un rire.

Ange étoilé

Tu nous as délaissé
Pour un monde de Lumière
Parmi ces nuages mordorés
Pour toi, grand-mère.

Tu es partie à jamais
Qu'il est dur de l'accepter !
Mon cœur est une vague déchaînée
Et déchirée.

Oui… mon cœur bosselé,
Le chagrin me noie les yeux,
Et mes sanglots glacés
Deviennent langoureux.

Inlassable dénuement
Sommeil inanimé
Dans le firmament,
Tu es cet ange étoilé.

Éléonore, petit oiseau

J'ai beau l'écrire, j'ai beau lui dire
Quoi que je fasse, la mort grimace
Éléonore, tel est ton nom, petite martyre
Triste ferveur, le ciel te menace.

Aride raison, sombre existence
Tes ailes enfuies et tu larmoies
Ton incessant et grand silence
Toi qui endures, mortel effroi.

Éléonore, ombre de l'aurore
Quoi que je dise, tu disparais
Éléonore, ma plume d'or
Cœur partagé et déchiré.

J'ai dix-huit

J'ai dix-huit ans,
En dépit du passé que j'apprécie tellement
C'est l'avenir qui se déploie à présent.
J'ai dix-huit ans,
Entourée par l'amour que me procurent mes parents
Car ils sont dans mon cœur à chaque instant.
J'ai dix-huit ans,
Toujours proche de ceux que je chéris tendrement
Les amis sont source d'un bien-être constant.
J'ai dix-huit ans,
Et cela ne change rien, je ris tout le temps
Pour mes proches, je conserve cette âme d'enfant.
J'ai dix-huit ans,
Pour une année entière sûrement.
J'ai dix-huit ans,
À cette vie que j'effleure sentencieusement.

J'aimerais

J'aimerais effacer ma douleur
Et ne plus avoir mal au cœur.

J'aimerais oublier mon chagrin
Et semer mes larmes au loin.

J'aimerais éradiquer mes pleurs
Sans que mon âme se meurt.

J'aimerais oublier mes maux
Et jeter mes cris dans un sceau.

J'aimerais accueillir le Bonheur
Et errer dans un rêve siffleur.

Petit Hercule

La mort grimace
Ma Plume pleure
Adieu, petit animal
Compagnon de fleurs.

Rédemption

Onze ans, belle année
Enfance toute ébouriffée
Rock'n roll et bien feutrée
Mais un malheur s'est présenté.
Onze ans, maudite journée
Malchance que je ne peux oublier
Indélébile est cette plaie
Sur mon visage de lait.
Onze ans, c'était il y a dix ans
Quand tu m'a soufflée
Ton étrange animosité
Défigurant notre complicité.
Je n'ai pas fait exprès, tu sais
De te faire drôlement sursauter
Je ne voulais que m'amuser
Éponger ton passé chagriné.
Mais ta folie nous a séparés
Frêle bête, à jamais je garderai
Les maux sur mon visage
Ivre souvenir sur une page.

Rêve

Les jours s'apparentent
Mes couleurs se perdent
Que faire ? Je plaide
Ton retour qui tremble.
Mon cœur, toujours lui,
Saigne et s'épuise
Les jours se détruisent
Le temps est à la pluie.
Il me manque, ton rire d'antan !
Comprends-moi, je suis submergée
Je suis devenue un volcan
Complètement frêle et blasé.
Mon cœur écorché est damné
Par ce soleil tout noir
Et le pauvre se laisse choir
Pour te retrouver.
Il franchit les océans
Affronte les eaux
Affronte les maux
Affronte le brutal vent.
Il franchit les terres

Répond aux duels
Gagne de plus bel
Petit héros de guerre.
Il franchit la flore
Et là, il te voit...
Je te vois, tu me vois...
Tu m'appelles : « Mon trésor ».
Tes beaux yeux s'éclairent
L'ange incarné
L'être vénéré
Ma douce grand-mère.
À présent, rien que toi et moi
Tu es emplie de joie
Tu me sers contre toi
Ton parfum a disparu, pourquoi ?
Soudain, un éclair
Je recule ; il te cherche Dieu.
Oh, non ! Rien qu'un dernier vœu
Ne pars pas, grand-mère !
Je pleure, je te supplie
Quoi ? Ce n'est pas mon pays ?
Ai-je perdu la vie
Pour être à tes côtés, au Paradis ?
Tu m'offres ta belle main
Tu me dis qu'il est l'heure
Tu m'ôtes la peur
Et c'est le lendemain.

Lettre à mon père

« Ne perds jamais la foi
Qu'elle demeure toujours en toi
Et tu resteras cette Lumière
Qui à jamais m'éclaire ! »

Je te vois et mon cœur rit. Je t'entends et mon âme chante. Papa, ma Vie, juste trois mots : je t'aime.
Je t'aime, ma Plume te l'écrit. Je t'aime, mon cœur te le dit.
Tu as souffert à satiété. Combien de fois me suis-je enfermée dans ma souffrance pour pleurer ta souffrance ? Indénombrable. Dieu sait de quoi je conte. Toi malade, et moi, délavée par le chagrin, je raconte.
Une année entière s'est écoulée, et tu n'as toujours pas ancré tes pieds ailleurs que dans la maison. Comme les rayons solaires doivent te manquer, mon papounet.

Tu as pris goût à contempler notre jardin, derrière la fenêtre de la cuisine, le regard accroché à ce gigantesque palmier. Et moi qui pensais que tu méditais.
Tu t'ennuyais à écouter le maudit vent. Pendant que tes jambes te blasphémaient. Pendant que la maladie te parcourait !
Quelques temps auparavant, tu ne mangeais quasiment plus. La nuit, les cauchemars venaient te hanter et au petit matin, tu venais me les raconter. Ton moral commotionné me donnait des sueurs froides. Inlassablement, je me demandais ce que tu avais et me laissais bouffer par une peur morbide de te perdre.
Et je repense à nos rires qui ont disparu puisque nous nous enfermons dans une douleur sans limite. Comme j'aimerais qu'on nous réveille afin que l'on gomme ta maladie. Comme j'aimerais qu'on nous réveille pour que l'on nous informe que ce n'est qu'un mauvais rêve. Si seulement ça pouvait être vrai.
Il faut malheureusement accepter ce terrible malheur. Le dénier ? Non ! Cela ne nous permettrait pas d'avancer, et tu le sais autant que moi.
Ma douleur est plus ample que jamais. C'est

cruel de te savoir affaibli. Mon cœur pleure ce bonheur déchiré. Te voir hospitaliser tous les mois me brouille la vue de larmes sans couleur.
Sans toi, la vie n'a plus de prix. Sans toi, la vie n'est que poussière.
Tu es prodige et prouesse. Mon cher père, toi qui m'a tant enseignée, tant appris sur la Vie. Ton courage est mon plus grand enseignement.
Tu as toujours été là pour moi, personne pour le nier. Tu as pris une énorme place dans mon cœur et chaque jour, tu remplies mon visage de sourires, d'un bonheur pantagruélique.

Tu seras toujours bercé par mon amour et mon soutien. Surtout, ne l'oublie pas, jamais.
Ton combat, mon combat.
Ta fille, Aurélie, qui t'aime.

Doute macabre

Je suis harassée
Surmenée à l'excès
Je ne parviens plus à avancer
Sans m'effondrer.

Tout cela, c'est la faute à Elle
Elle au regard si obsessionnel
Elle, vêtue de sa cape noire
La bête qui damne me pensées du soir.

Dans mes cauchemars
Là voilà qui s'éternise sur son char
Armée de sa grande faux
Elle qui saigne mon regard et ma peau.

À cause d'Elle, je m'émeus sans arrêt
La comprendre, j'ai beau essayé
Et je cherche le Bonheur à force de méditer
Elle est dure à faire la Paix !

Départ pour la Bataille

Il y a la peur
On y fait entrer le désespoir
Il y a ensuite la terreur
On en fait sortir le manque d'espoir.

Chers citoyens, voilà la création
Qui fait surgir un tel bouleversement
D'une simple nation
Par son soulèvement.

Le désarroi qui court dans vos veines
Le courroux qui se transforme en fureur
La peine, rien que la peine
Quelle lassitude ! Je voudrais tant déchirer la page !
Non, je ne peux pas, à l'appellation de la France !

Il faut maîtriser sa colère
Quelle douleur de voir les français dans la peine
Dans une telle trière.

Mais quel effroi ! Quelle frayeur !
Qui oserait sortir ?
C'est la grande peur
Pourtant le roi ose s'enfuir !
Vous entendez vos propres cris
Hurlements stridents
Et j'écris
Tout en frémissant.

Ce n'est guère possible
Vous êtes prêts à vous défendre
En ajustant votre cible
Ô à l'arme citoyenne, tirez pour tout réduire en cendres !

Gueules Cassées, ils ont tout souffert

Ils ont tout souffert, ces enfants de la guerre
Laissant derrière-eux des millions d'orphelins
Ils ont tout souffert et j'ouvre mes vers
Sur un puzzle arrogant et diablotin.

Ils ont tout souffert, ces soldats Français
Avec leur visage amputé ou gazé,
Défiguré où les yeux, des trous d'obus,
Ont laissé leur vue sur le champ décousu.

Ils ont tout souffert, ces millions d'invalides,
Ces mutilés par milliers. Tous ont souffert
Et on crie Victoire ? – L'enfer est avide
La guerre a détruit toute une ère.

Ils ont tout souffert dans les noires tranchées
La tête se trouvant la plus exposée
Par les obus, les bombes, l'artillerie…
Ces broyés de la guerre qui gardent la vie.

Ils ont tout souffert et j'implore les cieux
Ces jeunes hommes atrocement affreux
Qui perdent leur amour et gagnent leur honte
Ces soldats qui, après la survie, raconte.

Ils ont tout souffert, les tendres malheureux
Leur devise à eux : sourire quand même
Aussi solidement soudés, ces belles âmes
Ils ont tout souffert, ces soldats valeureux.

L'enfant et la Guerre

« Dans l'esprit d'un enfant,
victime de la guerre »

Je suis un jeune enfant
Qui doit tolérer la misère
Qui doit affronter un camp
Adhérer à la guerre.

Je suis un enfant traumatisé
Offusqué, froissé, effarouché
Obligé de céder mes biens
Je suis perdu, je n'ai plus rien.

Je suis un jeune enfant oublié
Je pleure à longueur de journée
Pour mes parents que j'ai délaissés
Je pense aux assassins qui les ont tués.

J'ai vu ma famille sous les flammes
J'étais seul avec mes larmes
Personne n'était là pour me soutenir
Je voulais mourir, mourir… oui, mourir !

Je suis un enfant foudroyé
Qui marche dans cette ruelle
Isolé et extrêmement mal habillé
Las ! Comme la vie est si cruelle.

Je marche encore et encore
Vers le néant, aux côtés de la mort
J'ai considérablement mal au cœur
J'oscille, je frissonne face à l'horreur.

Je ne sais plus qui je suis
Je ne sais plus où je suis
Je ne sais guère si j'existe
Je suis tellement triste !

Hélas ! Je perds la raison d'exister
Ce n'est pas pour me laisser emporter
Malgré cela qui pourra bien me protéger ?
Moi, le petit être bafoué et mal-aimé.

Je suis un jeune enfant oscillant
Simplement âgé de huit printemps

Comment vais-je faire pour me nourrir
Si je n'ai point envie de mourir ?

Je ne vis pas au milieu d'une île
Paradisiaque, céleste, sublime ou idéale
Mais dans un pays, dans un immense pays,
Où la guerre n'est pas encore finie.

Je suis à bout de mes forces
Il faut que vous me compreniez
Je me suis fait d'innombrables entorses
Et cela m'a tant découragé.

Pourtant, je montre que j'ai du courage
De la volonté, de la bravoure, de l'audace
Malgré mon tendre et jeune âge
Mais au bout de mon espérance, je m'efface.

La vie m'a réservé un tel châtiment
J'ai perdu l'amour de mes parents
Oh ! Comme c'est vraiment malin
La guerre a fait de moi un orphelin.

Ici, les gens ne s'apprécient qu'à moitié
Ces honnêtes gens tous endiablés
Mais je ne peux rien n'y faire
La guerre, c'est la guerre.

La vie nous réserve de telles répressions
Qui ne font point de nous des âmes
Admiratives, mais infâmes
Et de là naît une passion !

Hélas, on plonge vers le néant
Dans l'oubli, emporté par le vent
Mais alors pourquoi fait-on la guerre
Pour se débarrasser de la guerre ?

Tout cela m'est absolument douloureux
Voire abject, sordide et odieux
Chercher le mal à travers l'artillerie
Et perdre ensuite… des vies.

Voir mourir des millions de personnes
C'est une toile moche et effrayante
Macabre, atroce et écœurante !
La guerre est une dévastatrice de neurones !

La vie ressemble à une porcelaine. Sa fragilité
la rend tellement précieuse.

Île idyllique

Demeurer
au milieu d'une île céleste
Contempler
l'empyrée et cette jolie flore
J'aimerais
que cette éden subsiste
Cette terre prodige
me remplit l'esprit d'or.

Poussière
au milieu d'un océan féerique
Charmée
par ses couleurs magiques
Halo de chaleur
baigné du chant des oiseaux
Aurore ou crépuscule,
que c'est beau !

Quatrain des merveilles

En rêvant, mes bras deviennent des ailes
Je me vêts en papillon des merveilles
Et parcours le visage féerique de la nature
Poussée par un vent à la mélodie pure.

Tables des Matières

Préface poétique.....7
Grand-mère.....11
Devant sa plaie.....12
La poésie.....14
Fleur.....15

                                            Vers verts.....16
                          Pluie de confiseries.....17
                                        Insomnie.....18
                                            Distance.....19
                                La voix du cœur.....22

Quelle connerie la Guerre !.....23
Hommes de Guerre.....24
Les Oiseaux.....25
Le jeune oiseau s'est envolé.....26
Sourire ployé d'une Plume.....27

                                                    Rose.....28
                                          Éphémère.....29
                            Secrets absorbés.....30
                                      Le trépas.....32
                        Paradis de l'Enfer.....34

Adieu bel Été.....35
Piano d'Amour.....36
Sur une mélodie jouée.....37
Dessins d'Espoir.....38
Artiste.....39

                        Un jour d'orage.....40
                            Bourrasque.....41
                          Cœur tout bleu.....42
                      Vagues enchantées.....43
                    Le jardin enchanté.....44

Jardin atypique.....45
Les Envoyés du Ciel.....46
Les joies du cœur.....48
Diamants blancs.....49
Créativité fondue.....51

                          Canal du Midi.....53
                              Maussade.....54
                        Détermination.....55
                                Volonté.....56
                          Le misérable.....57

Mon éternel souvenir.....58
L'âme envolée.....59
La fraîcheur d'un Été rieur.....60
Le jour un du printemps.....61
Seul.....62

Parler.....63
Perdue à jamais.....64
La mort.....65
Un paysage arrêté.....66
Retrouvailles parfumées.....67

Parents, je vous aime.....68
L'Empreinte de l'Amour.....69
Papa.....70
Merveilleuse maman.....71
L'Amitié avec un grand A.....72

L'Amitié.....73
Carole.....74
Ange étoilé.....76
Éléonore, petit oiseau.....77
J'ai dix-huit ans.....78

J'aimerais.....79
Petit Hercule.....80
Rédemption.....81
Rêve.....82
Lettre à mon père.....84

Doute macabre.....87
Départ pour la Bataille.....88
Gueules Cassées, ils ont tout souffert.....90
L'Enfant et la Guerre.....92
Île idyllique.....97

Quatrain des merveilles....98

Tous droits réservés

©2018, Aurélie Mathilde Paulus
Édition : BoD – Books on Demand
12/14 rond-point des Champs Élysées, 75008 Paris
Imprimé par Books on Demand GmbH,
Norderstedt, Allemagne

ISBN : 9782322102044
Dépôt légal : janvier 2018